AF599758

CAÓTICA - MENTE

Sonia del Campo Gómez

Aliarediciones

Corrección: Eladia Guerrero
Diseño de cubierta: Mónica Morales
Maquetación: Aliar Ediciones

Depósito Legal: GR 79-2026
ISBN: 979-13-88058-50-9

Impreso en España

Edita
ALIAR Ediciones
www.aliarediciones.es
info@aliarediciones.es

CAÓTICA - MENTE

Sonia del Campo Gómez

Este poemario representa todo el caos de mis pensamientos y mi sentir, un desnudo integral de mi cabeza. Es por este motivo que me permito tomar prestada una frase del gran José Mujica para explicar solo en unas palabras todo lo que se agolpa dentro de mí, aunque a veces me cueste demostrarlo.

«Perdónenme, a veces se me escapa la trampa de mi corazón».
José Mujica (20/05/1935 - 13/05/2025)

CAÓTICA MENTE

«Mientras tenga pensamiento existo».

QUIÉN SABE NADIE

Al igual que aquella canción;
huyo de las críticas necias,
sin fundamento, inventadas
solo para que la lengua tenga distracción.

Puede parecer que tenga congelado el corazón,
que mi sangre sea de hiel,
parece que no me importó nunca el amor,
que no siento ni frío ni calor.

Tengo aspecto de tomarme la vida a broma,
de reírme hasta de mi sombra,
que el dolor a mí no me toca
y la muerte me ignora.

Hoy te contaré un secreto…
Nada es lo que parece.
Hasta la roca se erosiona,
y las estrellas mueren.

Simplemente aprendí a no mostrar
cómo por un amor me quedé sin corazón,
el miedo inconfesable a no poder proteger a los de mi sangre.
Aprendí que el dolor no mengua por decirlo con la voz
y que la muerte llega sin pedir permiso ni perdón.

Tapié la lágrima absurda y dibujé una sonrisa
y las penitas las guardo
amontonadas en una repisa.

No soy valiente, luchadora ni heroína;
solo soy una mujer haciéndole un pulso a la vida.
Pues no soy de tirar toallas
pero sí de aferrarme a lo que me importa sin medida.

CAJÓN DE SASTRE

Busco en este cajón,
este cajón de sastre,
algo que un día guardé
por si necesitaba un rescate.

Aparto trastos amontonados,
un chupete y un recuerdo,
lágrimas en un pañuelo,
incluso el sudor del esfuerzo.

Rebusco sin saber qué necesito encontrar,
pues en este cajón guardé
la lumbre y el cobijo
y todas las miguitas de pan.

He guardado amores perdidos,
también los vividos;
e incluso los que me robaron
sueños prometidos.

Sigo buscando entre tantos momentos,
encuentro la felicidad enredada a la pena,
incluso aquella fotografía
que desangra mis venas.

Es mi cajón de sastre
donde guardo toda una vida,
muchos trozos de errores
y otros cuantos de sabiduría.

Donde parecen ocupar más las desgracias que las alegrías,
donde la caricia queda diluida
y el dolor se aferra con fuerza
al paso de los días.

Rebusco en este cajón
casi desesperada
algún sueño olvidado
que dejé para mañana.

QUIZÁ

Quizá cuando todo haya callado,
cuando el silencio sea encontrado;
cuando las palabras cobren sentido y retornen los suspiros.
Quizá vuelva el sentido de los caminos errados,
de las decisiones fallidas, de los corazones cerrados.
Quizá cuando tengamos las almas muertas y las manos llenas
de arena desierta.
Cuando la noche nos cubra a pesar del día,
quizá solo en ese instante al sentir frío en la nostalgia,
orfandad en la piel y sonrisa perdida
seremos conscientes de cómo hemos malgastado una vida.

UN DÍA DESPERTÉ

Un día desperté como despiertan las primaveras,
con el deseo inocente de plasmar color incluso a la tristeza.
Desperté y quise volver a soñar,
pues en el mundo de Morfeo nadie queda atrás;
en ese mundo todos podemos volar.
Quizá no debí despertar jamás,
vivir entre sueños mi realidad.
No abrir los ojos, ni siquiera pensar,
así lo que me rodea no dolería igual.
Pues al observar el mundo la primavera se torna invierno,
nadie quiere ir al cielo sabiendo que ya vive en el infierno.
En mis sueños no existe el hambre, ni las guerras ni los intereses,
tampoco el dolor, el sufrimiento, ni hay odio entre la gente.
Desperté queriendo ser primavera,
cambiar las cosas, hablarle al mundo, invitar a la reflexión,
a saber decir no
y disponer de más certeza que error.
Mas en el desierto de la humanidad muchos prefieren tragar arena
antes que buscar un oasis que requiere esfuerzo
para romper cadenas.

EL TEMPORERO

Observa sus manos
ajadas y gruesas,
doloridos los nudillos
y el terciopelo perdido.
Siente su espalda partida
y pinchos en las rodillas,
siente que perdió la vida
recogiendo el fruto de la semilla.
De sol a sol cada día
él hablaba con la tierra,
mientras otros calculaban sus horas
con míseras monedas.
La juventud de las manos
fue emigrando,
no querían que la tierra
los siguiese esclavizando.
Pero él siguió trabajando la tierra
sin números ni letras aprendidas,
con todo el dolor de su cuerpo
y el paso de los días.
Hoy observa sus manos
y su memoria dolorida,
hoy observa la tierra
que le dio y le quitó vida.

TANTAS VECES HE NAUFRAGADO

He naufragado tantas veces
como olas tiene el mar,
sintiendo el dique a pedazos
y mis velas sin compás.

La tristeza y el dolor
a una isla desierta me arrastraron,
con el corazón rebosando pena
y el alma llena de harapos.

El nivel del mar creció
con el agua de mis ojos,
chocando contra rocas
que provocaron más destrozos.

La zozobra de mi cuerpo
sin rumbo ni control,
partió mi quilla
dividiéndola en dos.

Mi brújula sin rumbo
sobre la espuma blanca,
dejándome llevar
por la fuerte tramontana.

Hoy el cielo se abre
y el mar recobra su calma,
hoy la tierra está firme
y la arena se antoja blanca.

ME ENREDO

Me enredo entre acertijos,
entre mi piel y mi alma;
entre corazón y recovecos,
entre la tierra y el cielo.

Observo la piel mustia, la herida cosida, las fuerzas del viento…
Y me enredo en los complejos que grita mi cuerpo.
Me miras y ves un camino yermo, sin amapolas, sin mariposas,
y me enredo en mi valía grabada en tantas losas.

El caudal seco del río que dio vida,
época de deshielos que riegan mi piel fría,
y enredo mis lágrimas todas cosidas,
amarrándolas a mi cuello como joya aprendida.

Me enredo en pensamientos de una vida vivida
que se marchita con el tiempo;
donde ya no hay leyes ni presos,
donde tú juzgas sin vislumbrar las caricias y los besos.

Me abocas a un mundo invisible, al destierro,
al desguace del pasado, al desgarro y al entierro,
al castigo más horrendo
por la erosión del calendario.

Y yo, yo me enredo,
me enredo con la fuerza de los mares,
con su sabiduría y su belleza,
pues, al igual que yo, han sobrevivido a infinitas tormentas.

ALLÁ EN EL HORIZONTE

Allá donde el horizonte se pierde
y mis ojos no alcanzan,
allá donde se escapan los sueños,
donde dobla la tierra y la gaviota desaparece.

Es allá donde todo se magnifica,
donde vive la imaginación;
donde no alcanzan las manos,
donde descansan la luna y el sol.

Allá en esa línea perfecta
donde se custodian los sueños,
donde crece la tormenta
con su bruma insurrecta.

Es allá donde se fragua el futuro
cubierto por esa neblina,
urdiendo sigilosa
felicidad o desdicha.

Allá donde el horizonte se pierde
busco constante y abatida;
mientras suave me acaricia
la brisa marina.

EL VIAJE DE LA COMETA

Aquella cometa quiso ser libre;
se soltó del cordel que la guiaba
dejándose llevar por el aire a mundos que ella soñaba.
Era un verano caluroso y su alma de papel,
así que aunque no soplara el viento con fuerza
su ligereza le hizo seguir el vaivén.

Una noche estaba dormida alumbrada por la luna llena,
soñando feliz y serena,
y de pronto despertó al sentir peso en sus velas.
El cielo se tornó rojizo y los árboles gritaban muriendo,
las cenizas se acumulaban y no podía mantener el vuelo.
El bosque estaba ardiendo
y supo que su viaje terminaba en aquel infierno
donde se calcinaban los sueños.
En aquel bosque hoy se escuchan lamentos
de los animales que quedaron atrapados, del sustento,
del oxígeno de los humanos, de la belleza y la grandeza,
de las raíces, de la tierra
y de las ilusiones muertas de aquella cometa.

NADIE SE DIO CUENTA

No supiste del suspiro mudo;
ni de la lágrima seca,
tampoco del grito ahogado.

No supiste de las tinieblas de la mente;
ni de la palabra callada,
cómo la flor quedaba despojada
y la corteza del árbol
moría lentamente cada mañana.

No supiste de los demonios
ni de los lobos feroces que la atormentaban.
Nunca supiste qué se escondía tras aquella sonrisa,
no supiste del dolor de sus entrañas;
de sus vísceras y su corazón,
ni siquiera te diste cuenta del hablar de su mirada.

Porque ella guardó silencio,
con su voz y su alma atrapada en un oscuro laberinto
donde no se veía la pena
ni tampoco se escuchaba su grito.

Ese vacío que la desmembraba
arrebatándole la vida y la esperanza,
porque nadie se dio cuenta del calvario por el que pasaba.

En una jaula de cristal, diamantes y plata,
nadie se dio cuenta de que la golondrina perdió sus alas
y su trino se olvidó mientras en silencio una sonrisa esbozaba.

No te diste cuenta de que su mente
era una cárcel de arenas movedizas,
y cuanto más intentaba salir
sus fuerzas sucumbían escurridizas.

EL ORDEN DE LO NATURAL

Terminó de transformar su hogar;
eliminó las tinieblas y la soledad,
ahuyentó lo que le hacía enfermar
y resurgió como siempre soñó que era su verdad.

Dejó atrás las burlas y el dolor
dando paso a un nuevo yo.
Ahora ya no se sentía un impostor;
siempre había sido una flor.

Su cuerpo, su hogar, su templo,
desde su nacimiento hasta este momento
fue todo un error,
que el espejo reflejaba sin pudor.

Algunos juegan a destruir,
negándole lo que siempre fue.
Marcado con etiquetas
en blanco, negro y añil.

Esta mujer extiende sus alas,
por fin su naturaleza está en calma.
No busca ser heroína ni ganar batallas,
tan solo desea vivir con paz en su alma.

Mas el peligro acecha, cuervos sobrevuelan su cabeza
señalando su condición de león o gacela.
Aquellos que atormentan, que persiguen y señalan,
alimentando de odio a sus hambrientas manadas.

Ella ahora solo es lo que siempre tuvo que ser,
y ella ahora solo pide vivir como una mujer.

PINCHADOS POR UNA RUECA

Como mala hierba que crece salvaje y descontrolada,
que se multiplica y todo lo invade,
todo lo arrasa, todo lo calla.

Así está enredándose el mundo;
dañando lo que toca,
tocando lo que no es suyo,
destruyendo el futuro.

Como feroz carcoma,
que destruye el más hermoso lienzo,
donde ya no podrá posarse
una blanca paloma.

Parecemos almas ausentes observando lo evidente,
cómo arrasan tierra, pan, hogar
resguardándose bajo una doble moral.
Es la bolsa de plástico enfundada en el rostro
que lentamente te asfixia,
arrebatándote la dignidad poco a poco.

Nos adormecen al igual que un caracol;
primero sal y agua tibia,
más tarde llegará la hoguera
donde arderá la avaricia.

ME DEJASTE MUCHO POR HACER

Inspiro una gran bocanada de aire
para llenar de fuerza la dureza del adiós.
Soltar unas manos, dejar partir,
romperte quedándote huérfana de otro latir.
Desgarrarse por dentro,
pasar el tiempo llorando en silencio,
curar una cicatriz que no tiene fin.
Dejar una silla vacía,
llenar solo de recuerdos la vida.
Perpetuar los actos que tú hacías,
pregonar tu historia y tu risa,
no permitir que caigas en el olvido.
Tenerte presente en mis palabras,
grabarte en generaciones,
quererte por mil razones.
La fractura y el hurto de tu vida
es el apagón en la mía,
ya no hay camino llano;
todo es cuesta arriba.
Las ilusiones compartidas,
los días especiales,
las preguntas y respuestas
hoy solo son cera que se esparce derretida.

CAÓTICA PASIÓN

«Sin pasión se congela el corazón».

VICIOS

Quizá debería dejar el tabaco,
ese vicio que ahoga mis pulmones,
que colapsa mis arterias
y ensucia más mis venas.
Podría disminuir la cafeína,
dejar la justa medida
para despertar el día,
sin abusar en las horas que sigan.
Mas hay vicios que no se dejan,
por mucho que lo intentes siempre pides más,
vicios que solo al nombrarlos una dosis quisieras tomar.
¿Pues qué hay más vicioso que hacer el amor contigo?
Y después de unos minutos querer repetir lo sentido.
Besarte hasta borrarte,
tocarte hasta saberte,
lamerte, comerte, beberte
hasta que este deseo se me pase.
Hay vicios que podría abandonar con esfuerzo y empeño;
mas el vicio de tu cuerpo es el agua del sediento.

DESLIZARME

Deslizarme por tu cuerpo
solapando piel con piel
hasta que los poros emanen salitre
y pueda lamer tu miel.
Deslizarme hasta crear un enjambre
de deseos equidistantes,
erecciones de los cuerpos;
tu miembro y mis pechos.
Deslizarme hasta derramarme
allí en donde te doy cobijo
y el eco de mi hogar
colma el silencio en gemidos.
Deslizarme buscando el abrazo
del amante saciado,
mientras el cuerpo aún se agita
tras el incendio apagado.
Volveré a deslizarme
para recorrer todas tus intenciones
memorizando todo el camino
que siempre me crea un abismo.

LA NOCHE DE LOS AMANTES

Cerraremos a cal y canto puertas y ventanas;
olvidaremos que hay un mundo ahí fuera,
el mundo hoy estará en este cuarto
entre tu cuerpo y mi piel sedienta.
Dejaremos el arrepentimiento en el umbral;
para vestirnos con él tras estas horas de amor
cuando ya estén muertas.
Nos amaremos hasta hacernos daño;
hasta que no sepamos qué cuerpo es de cada uno,
hasta que se apaguen las llamas y se disipe el humo.
Dejaremos la memoria en el olvido;
solo tú conmigo, yo contigo
disfrutando con todos los sentidos;
borrando las huellas de otros cuerpos vividos,
marcando nuestro sello en cada piel, en cada latido.
Esta noche es nuestra, es la noche de los amantes furtivos,
la noche de sueños cumplidos,
de heridas futuras y deseos prendidos.
Así que dejaremos los remordimientos en el cajón del sufrimiento,
pues nadie entendería a estos amantes locos
que de tanto amarse con palabras y sonrisas
encendieron una chispa que quema a escondidas.
Te daré, me darás todas las claves y secretos sin pronunciar palabras,
seremos dos amantes furtivos cumpliendo sueños entre sábanas.

EL MENÚ

Estoy en la carta,
busca en sugerencias,
pues mi carne ya no es tersa,
mas mis fantasías son suculentas.

Tómame a bocaditos,
primero un entrante,
suave y entretenido
que te abra el apetito.

Un primer plato
de esos para saborearlos,
para chuparte los dedos;
ligero, pero con sabor a pecado.

Un segundo plato de carne,
vuelta y vuelta;
ponle tú el aderezo
y el punto de picante.

Ahora pega un buen trago
y rebaña toda la salsa,
sin vergüenza, con la lengua,
no te quedes con las ganas.

De postre algo muy dulce,
pues vas a sentir cómo te deshaces;
el placer te hará descorchar
tu botella de champán.

Si no has quedado satisfecho,
ponme una reclamación,
ya que con este menú
disfrutamos los dos.

PECADO

¿Cómo va a ser pecado desearte como lo hago?
Las palabras de amor me quedan cortas,
necesito entregarte todas mis pertenencias.
Ofrecerte lo único que tengo de valor,
dejarme llevar por tu piel, tu calor.
Enredarme a ti sintiendo que muero
en el abismo de tu cuerpo,
mientras aprendo lo que es vivir
en este despierto sueño.
Pecado sería no querer besar esos labios,
no encenderme con tu tacto,
dejar las sábanas frías cuando estoy a tu lado.
Pecado sería amarnos sin desvaríos,
sin llevar nuestros cuerpos al cráter del fin del mundo
para encontrarnos allí desnudos y vacíos,
abrazarnos y tener la certeza
de que somos nuestros rumbos.

CAÓTICO AMOR

«Quien no ha amado de verdad, nunca sabrá lo que es vivir un sueño estando despierto».

EL VIAJE POR TU CORAZÓN

He viajado entre las estrellas
mientras ellas brillaban en el cielo
y he dormido entre la luna de terciopelo
mientras estabas a mi lado respirando.
Pues es fácil vivir lo soñado
siempre que estás a mi lado,
mas los sueños son solo el deseo
de lo que imploran mis ojos cuando están abiertos.
He amado hasta sentir un vacío, un desgarro.
Elegir entre respirar o amar,
difícil tenerlo todo
en este mundo de tristes aullidos de lobos.
Me cubro con la manta del desespero
diciéndote que mi destino es tu pecho,
el viaje por tu corazón
me hizo perder el miedo y la razón.
Ahora que ya no estás
he caído en el fondo de un cajón;
con la lección aprendida sobre el amor,
susurrándome que no, no se puede salvar lo que nunca existió.
Entregué tantas capas de mi piel
que temí quemarme con el sol,
así que estoy respirando el oxígeno
del residuo de aquella historia de amor,
de aquel viaje por tu corazón.

HABITO EN TI

Habito en ti,
allá donde los sueños se encuentran,
en ese punto imaginario
donde los cuerpos se tocan.

Habito en ti,
en el aire que viaja lento
desde mi centro hasta tu pecho.

Habito en ti,
donde duermen los recuerdos
bajo llave custodiados
y se esconden los secretos.

Habito en ti,
en los labios sellados;
sin un roce, sin un beso.

Habitas en mí,
cuando vivo, cuando siento,
cuando callo y no me quejo,
cuando te amo sin lamentos.

TRÁEME PRIMAVERAS

Tráeme primaveras,
de brisa suave, tardes cálidas y alegría en las venas.
Tráeme el color de las flores, el aleteo de la mariposa,
la sombra del árbol y el cantar de la alondra.
Tráeme la estación de la vida, donde todo nace,
expandiendo el cortejo, vistiéndonos de caricias.
Tráeme esa primavera, aquella que la sangre altera
y el corazón desconcierta dejando mi piel abierta.
Tráeme ese anhelo que siento desierto,
pues es en este tiempo que recobro el aliento.
Tráeme esa primavera para encontrar la excusa perfecta
y soltar al vuelo mis sentimientos
y libremente decir *te quiero.*

EL DUELO

Tanto ruido y solo escucho silencio,
está todo más vacío
y aquellas sábanas ardientes
hoy tiritan de frío.

Viví la noche larga,
con tu piel y la mía entrelazadas;
mientras la luna nos observaba
sintiendo compasión por mi alma.

El sonido de las risas y las palabras
entre las paredes han quedado emparedadas;
y el aire que respiraste
sigue en aquellas aspas agitándose
sobre el turquesa de las caricias
moviendo el recuerdo de la espera vacía.

Hasta el sonido de la cafetera
repica como el campanario anunciando luto,
escupiendo lágrimas negras
que se derraman sin rumbo.

Y la taza ya no es una taza,
es el sello de tus labios
que imprimieron suavemente
la dulce ecuación de tus besos.

Hoy empiezo mi duelo
sin mantilla ni féretro,
matando lo que siento
para no morir por dentro.

Hoy empiezo a desamarte,
pues no cabe tanto amor
en la mortaja de mi cuerpo,
tendré que dejarlo morir en la fosa del recuerdo.

PERDÓNAME

Te pido perdón, pues te mentí;
afirmé cosas que hoy no puedo cumplir,
creí que era viento
que libre podía fluir.

Tu agua fue tan clara y cristalina;
no hubo remolinos ni mentiras,
y yo te mentí
creyéndome la voz que salía de mí.

Esta mentira me está ahogando,
inundando mi corazón,
con lágrimas discretas
que nunca verán el sol.

Te pido perdón, pues te mentí;
no fue intencionado,
mas pensé que podía domar
mis sentimientos por ti.

Esa mentira está llena de amor;
nunca hubo mala intención,
creí que con una pequeña porción
bastaba para calmar el corazón.

No imaginé amar tanto,
y ese tanto crea un vacío
que me obliga a ser honesta,
pues mentí pensando que estaba dispuesta.

Perdóname, pues creí que era suficiente
con un pequeño goteo de tu fuente,
y ahora muero de sed
deseando todo tu ser.

Mentí de forma insolente, perdóname,
veo cómo pasa el tiempo,
ahora quiero cumplir sueños
y poder vivir nuestro momento.

Mentí, pues no soporto la idea,
aquella que parecía aceptable,
de no trastornar tu calma,
tus días y tus sábanas.

Hoy te pido perdón
por amarte de esta manera,
me distraje y no puse barreras
y ahora mi corazón a ti se aferra.

UNA CARTA DE AMOR

No quisiera exhalar el aire de mis pulmones,
pues no quisiera perder cada aliento,
cada suspiro que de tus labios he bebido.
Pues el sentir es un remolino que enciende una llama,
acurrucándome a tu lado desprendiendo un fuego en calma.
No tengo argumentos, ni siquiera motivos;
pues lo que yo siento es que te amo, cariño.
Y si el cielo un día se apaga y los mares se secan,
si no se escucha el pájaro y su trino,
solo necesitaría que estuvieses conmigo.
Algo podría jurar con mi carne y mi alma,
pues no hay nada más certero: mi corazón henchido te ama.
Pues amar no es una jaula, son alas que libres vuelan;
como yo te amo sin reglas y libremente mi sentir se sella.

EL MOMENTO EXACTO

Tú dirás y yo diré;
alejándonos en cada palabra,
en cada respiración,
en cada dardo al corazón.

Nos preguntaremos en qué momento exacto
se nos terminó el amor,
lo fuimos asfixiando lentamente
hasta dejar un rastro de dolor.

Tus quejas, mis quejas,
hielo en la habitación
poniendo distancia
entre todo lo que éramos tú y yo.

Nos preguntaremos en qué momento exacto
dejamos escapar el sentimiento
por la ventana del olvido
sin ningún arrepentimiento.

Tus ilusiones, mis ilusiones
caminando en direcciones opuestas
sin mirar la senda polvorienta
que deja una batalla de promesas muertas.

Nos preguntaremos en qué momento exacto
comenzaron a pesar nuestros lazos,
en qué momento exacto
se transformaron en barrotes nuestros abrazos.

AQUELLO QUE NUNCA TE DIJE

Aquí estoy con las palabras agolpadas,
peleándose por salir de mi garganta,
la misma que me hizo callar
para no sentirme rechazada.

Me guardé tantos *te quiero*
que se agolpan en mi boca y su cielo.
¿Cómo dar marcha atrás a un reloj sin manillas
para rescatar aquellos días?

Siempre fuiste suficiente;
siempre fuiste todo.
La lluvia contigo no mojaba
y los truenos no me asustaban.

Se agolpan las palabras,
aquello que nunca te dije,
y resuenan en mi cabeza
como un paracaídas cerrado y triste.

Tengo miedo a regalar a quien no lo merezca
tus *te quiero* guardados,
pero son tan sinceros y potentes
que hasta mi voz se está desgarrando.

Tú fuiste mi todo, mi risa y mi dolor,
el dolor amargo de tu adiós,
mi risa cada vez que me mirabas
con tanto amor.

Callé todo lo que sentía,
y esas palabras son hoy mi herida;
no sé dónde colocarlas
sin seguirte llamando *vida mía*.

CAÓTICAS LEYENDAS

«Las leyendas, los cuentos, sustentan
a nuestro niño interior».

LA LEYENDA DE LA LUNA

La luna comenzó a vivir al ver su silueta reflejada
sobre aquel espejo de agua, donde se antojaba plateada.
Tan feliz se sintió que quiso vestirse de primavera.
Pensó que sería fácil y se lo explicó a las estrellas.
¡Pobre luna llena! Tan inocente como bella, pues
¿cómo coger una flor sin pisar la tierra?
Intentó llamar la atención de unos cuantos enamorados,
mas estos la observaban sin escucharla y embobados.
Así fue como comenzó a menguar, melancólica y afligida,
cada día más débil, cansada y mortecina.
Llegó un amanecer con su sol y a ella dulcemente se dirigió,
diciéndole que su belleza no necesitaba una flor.
Desde entonces pueden compartir ratitos a diario.
Y así surgió el amor entre dos corazones solitarios.

LA LEYENDA DEL MAR Y LA ARENA

El mar miraba a la arena,
a la arena de la playa.
Su belleza con el sol,
sus ondas en la mañana.

El mar quiso ser arena
y la arena coqueteó con el mar,
tan fuerte y tan seguro
rugiendo en libertad.

El mar observó a la arena
una noche en soledad,
calmando sus aguas
pues no la quiso asustar.

La arena con el relente
se comenzó a mojar
deshaciendo su figura
sin parar de temblar.

Desde entonces
se ve la espuma blanca
que cubre la arena
en cada respirar.

Pues el mar desea cubrirla
con un manto de sal,
no soporta ver a la arena temblando,
rompiéndose por la humedad.

¡Pobre mar bien intencionado!
Jamás entendió que su manto
no daba el cobijo de un hogar;
y por eso la arena no puede parar de temblar.

Pierde sus granitos y sus ondas
cada vez que el mar la viene a besar.
Y el mar llora sus lágrimas
salpicando a las rocas que lo intentan consolar.

LA LEYENDA DE LA SEMILLA

Una semilla fue arrastrada por el viento
desde un jardín hasta una grieta en la calzada de cemento,
aquel cemento duro y gris, sin tierra, agua ni alimento.

La semilla quedó inmóvil, encajada y asustada
en aquella oscuridad que se agudizaba en la noche.
No se atrevió a gritar, pues guardó sus fuerzas
para vivir un día más sin hacer derroche.

Aquella mañana por suerte llovió
y la semilla de ese agua bebió.
El cemento admirado pensó en la valentía de aquella futura flor.
De la semilla hidratada una pequeña raíz nació
que fue abriéndose camino hasta encontrar tierra, y se alimentó.

Necesitaba sentir el sol
y sacó todas sus fuerzas creando un fino tallo
consiguiendo salir al exterior.
La luz tanto la revivió que de aquel fino tallo
un capullo se creó
y rápidamente en flor se convirtió.

La admiración del cemento no tenía fin,
tanta tenía que agrietó su corazón
dejando paso a las raíces
que nacían de aquella flor.

La calzada gris se llenó de color,
nadie pensó que aquella pequeña semilla
viviría para contar su historia,
pero es que nadie sabía de su fortaleza y valor.

Desde entonces pueden verse unidas grises calzadas rodeadas
de colores.
Pues desde una grieta pueden resurgir las más hermosas flores.

LA LEYENDA DE LA BARCA Y EL FARO

La barca sobre la arena lloraba su pena,
en la noche a oscuras bajo la luna llena.

Enamorada del faro,
solo quería estar a su lado.
El oleaje la acercaba,
mas nunca lo tocaba.

Cada mañana lo rodeaba bailando en alta mar.
El faro también la observaba
con mirada enamorada.

Un día el viento, cansado de escuchar
la pena del faro y de la barca su lamento,
decidió acercarlos para que se pudieran amar.
No sabía que un amor imposible
bien no puede terminar.

Las astillas de la barca se clavaron en el faro y su mirar.
Desde entonces cierra y abre sus ojos, pues no puede parar de llorar.

LA LEYENDA DE LA BARRETINA Y LA PEINETA

Hace mucho tiempo en Barcelona un día de invierno
coincidieron en un mercado una barretina y una peineta.
Las dos se miraron inquietas,
una desconfiaba de la peineta,
la otra desconfiaba de la barretina.
Se cruzaron varios días, mas ni el saludo se decían.
Un día la barretina tenía que entregar verduras a una clienta
y al abrirle la puerta cuál fue la sorpresa,
pues tras el umbral se encontró a la peineta
ataviada con un delantal y aroma de croqueta.
La peineta pareció avergonzada
al encontrar aquella visita inesperada.
Aunque la barretina se sintió peor,
siempre pensó que aquella peineta tenía aires de superior
y ahora caía en la cuenta de que solo buscaba una vida mejor.
Desde aquel día se hicieron amigas,
la peineta le regaló claveles a la barretina
y esta a su vez con orgullo los lucía.
Desde entonces andaluces y catalanes se unieron y formaron familias.
Pues ambos descubrieron que amar a una tierra nos es suficiente
para poder poner en la mesa el pan,
y que si no hay manos para prosperar nada crece, todo se queda igual.
Algunos dicen que las han visto pasar, bebiendo de una bota
de vino y bailando por soleás.

CAÓTICA IMPOTENCIA

«Mientras me siga sintiendo impotente
ante las injusticias y el sufrimiento ajeno,
seguiré teniendo corazón y alma».

LA SIRENA

Antes de ella, todo calma;
el niño jugando con el balón,
el padre en la habitación
y la madre saludando en el balcón.

¡Sonó estridente!
Advirtiendo del posterior lamento,
comenzó la carrera por la vida;
su meta a 300 metros.

La madre corría y el padre también,
el niño se detuvo, pues se le escapó el balón,
su mano se evadía para retroceder,
el cielo silbaba anunciando dolor.

Apenas unos segundos
borraron la habitación, el balcón y aquel balón…
Aquel balón fue rodando hasta chocar con unos cuerpos sin vida.
La sirena se silenció.

EL PECADO ORIGINAL

Mordió de aquella manzana
pensando que era amor,
al tragar el primer bocado
ya sintió su amargor.

No se fijó en la mirada de la serpiente,
ni en su frío corazón.
Tampoco vio su lengua bífida
y el veneno se tragó.

No creía en el engaño
en su particular Edén,
mas un día su labio sangró
por la ira de su «Dios».

Fue el primer pecado,
el engaño de él;
de ella el perdón
y su aceptación.

Al morder aquella manzana
ya estaba marcada.
Se dejó convencer por la serpiente
que día a día la maltrataba.

Supo que ardería en el infierno,
en la hoguera de la confianza;
pues mordió aquella manzana,
esa manzana envenenada.

LA QUEMARON POR BRUJA

Antes de empezar ya estaba sentenciada,
falda corta y sonrisa fácil,
libre como el viento
y mujer confiada.

Dos copas y unas cuantas miradas,
veinte bonitas palabras;
intercambio de números
y un *te acompaño a casa.*

De camino ella despierta soñaba,
pues era guapo y educado,
se sentía afortunada,
pues él estaba a su lado.

Como iba soñando no se dio ni cuenta
cuando él y otros la empujaron a una puerta.
Sentía una mano en la boca
y un líquido en la garganta.
Sentía que no podía decir *basta.*

En ese mismo instante
empezó a arder en la hoguera,
su futuro ya eran cenizas
y el cuerpo desgarrado por fieras.

Ningún *no*, solo algún jadeo de dolor.
Sola y rota se quedó,
sin poder recordar lo que pasó
al despertar en una blanca habitación.

Entonces comenzó el calvario,
el verdadero infierno,
era la bruja que había seducido
a lobos hambrientos.

Las habladurías la juzgaron,
¿qué buscaba aquella noche,
sola y con aquel escote?
Encontró lo que había buscado.

Fue quemada por bruja
ya que nadie le pidió perdón,
la justicia fue clemente,
la sociedad la rompió.

CEMENTERIO DE SAL

Me encuentro con mis pensamientos,
algunos absurdos y otros profundos,
otros atravesando mares y muros.
Observo el mar y su espuma blanca,
escucho el chapoteo y también el estruendo,
pues la mar aparentemente calmada
golpea a las rocas enfadada,
y al escuchar siento el tormento
del náufrago y su anhelo.
Pienso en todos esos cuerpos
que la mar hizo presos.
Esos que en mi Mediterráneo
ahogaron sus sueños.
Tiemblo, me estremezco, siento frío en el alma.
¿Quién puso el mar ahí en medio?
Se levanta primero la brisa, luego el viento,
y si atentamente escucho puedo oír los gritos y lamentos.
Abducida por esas ilusiones perdidas
me sumerjo en el mar, dejo mi cuerpo flotar
y mis oídos se quedan sumergidos
en ese cementerio de cuerpos perdidos.
Cierro los ojos y casi puedo sentir cómo sus pieles
sienten el peso del mar conmigo.
Me sumerjo un poco más hasta que no puedo respirar
y salgo al exterior con lágrimas de sal,
la impotencia en las manos
y el corazón encharcado por no poder frenar este mal.

EL ARCOÍRIS BRILLA MÁS QUE EL ODIO

Se perdió el respeto por el amor,
pues este no entiende de color, raza ni condición.
Ahora vuelven a sonar los tambores de guerra
armados con insultos desempolvados
y discursos trasnochados.
Salen a la calle los títeres manipulados
con la creencia de un discurso que les hace sentirse machos.
No hay barrenderos que recojan tanta escoria;
pues el hedor que dejan a su paso
es de odio y descomposición mortuoria.
No respetan el amor, el amor entre seres humanos,
odian a un colectivo que ya pasó un calvario,
que ganó el respeto de los que vivimos amando.
Apocalipsis de una generación
que impone y maltrata,
generación que no tiene cultura ni educación,
simplemente negrura en su vacío corazón.
Amo a los que se aman,
pues es el único milagro real en esta oscura sociedad.
Cubriré con un arcoíris su discurso putrefacto,
nadie tiene derecho a hacer daño
y mucho menos sin alegatos.

NO SOY LIBRE DEL TODO

Si me gritas, gritaré,
si me empujas, te empujaré,
si me insultas, si me amordazas...
Ten por seguro que con uñas pelearé.

No soy libre del todo;
nunca lo fue nadie,
pero intento vivir cada día
a mi forma y modo.

No bombardees las calles
con tu ira y tu odio,
no enciendas discursos
con mentiras y sobornos.

No soy libre, ya lo sé,
nunca lo fue nadie,
pero amo la libertad
y respiro mi propio aire.

Eres la rata escondida
que se alimenta de carroña,
esperando la debilidad del mundo
para sacar la rabia reprimida.

Esparces miedo entre el débil
y señalas con el dedo al inocente,
con tus símbolos caducos
que hoy lucen relucientes.

No soy libre del todo, lo sé,
nunca lo fue nadie,
pero el respeto y la igualdad
es la bandera que me nace.

LETRAS PARA SALIR DEL INFIERNO

¡Calla, cállate y no digas nada!
Estoy cansada de tu arrepentimiento,
de todas tus excusas
que siempre son patrañas.

Ya no me creo ni una palabra,
ni tus lágrimas sin agua;
hoy me marcho lejos
antes de que me cruces la cara.

Me has apuñalado con tus insultos,
me has robado la dignidad,
me has herido con tu desprecio;
y no, eso no es amar.

Hoy recojo las colillas que quedan de mí,
los restos muertos de aquella que fui,
y marcho lejos, lejos de ti;
voy a intentar revivir.

Me has arrebatado
la seguridad y la sonrisa,
la ilusión y la caricia,
me has arrebatado parte de mi vida.

Reconozco que estoy perdida
en un bosque marchito;
donde nadie entiende la herida
que no está en la piel escrita.

Pero hoy saco las fuerzas,
las que mi alma necesita.
Hoy te dice adiós
esta mujer que se quedó vacía.

CAÓTICO OLVIDO

«Quien olvida la historia reciente, cometerá siempre los mismos errores en el futuro».

CASILLA DE SALIDA

Tiempos de pedir perdón,
de sentir vergüenza
y suplicar redención.
Han pasado años intentando camuflar el pasado,
borrarlo, disimularlo, como si hubiese sido un cuento mal contado.
Todos éramos de nuevo hermanos,
apenas algún libro, alguna película
para recordarnos quiénes eran los malos.
Hoy con estupor y tristeza se repite la historia,
un nuevo holocausto con otras manos,
otra versión para seguir sintiendo vergüenza.
Volvemos a estar en la casilla de salida,
en esta nueva partida, cometiendo los mismos errores,
soportando el sufrimiento, el peso del dolor humano;
ejerciendo de verdugos y Herodes.
Aquí estamos, en la casilla de salida,
observando un holocausto a medida
en el que las palabras entre las corbatas
son como unas manos vacías.

AE

Dos letras son suficientes
para crear escuela y emblema,
para arrollar a un país
trayendo oscuridad y pena.

Preguntadle al hambriento,
a una paloma blanca,
a los fosos
y a los abuelos.

Preguntadle a la memoria,
a las imágenes,
al NO-DO
y a los libros de historia.

No somos águila que despierte,
al grito de «Arriba España»
lo suelen acompañar la dictadura
y el miedo a la muerte.

DESPUÉS DEL TERROR FUI LIBRE

(POSTGUERRA)

Después del terror fui libre,
resurgí de los escombros
de una vida pasada
de miedo y mordazas.

La hambruna no pudo conmigo,
aunque una sopa de pan
caía como un manjar
en mi estómago vacío.

Las armas sin distinción
entregaron a la muerte a niños,
muchos quedaron huérfanos
y para siempre heridos.

Después del terror fui libre,
aunque se me olvidó la sonrisa
y el brillo de mis ojos
está lleno de cenizas.

ANTES ERA ASÍ

Sin nada nació aquel niño,
fue uno más del destino
en aquel tiempo oscuro
donde la mujer se abría de piernas
recibiendo lo exigido por mandato del marido.
Aquel niño tenía frío;
mas el llanto entró en silencio
al entender la ausencia
de cualquier ápice de cariño.
Creció entre penurias,
entre cocina de carbón;
como cuna un cajón
y sin poder alzar su voz.
La madre siguió pariendo sin saber del amor,
no le quedaban fuerzas para repartir su calor.
Aquel niño nació como nacieron tantos,
eran bebés sin bienvenida
en una época ausente de todo;
solo hambre y lloros.
Eran niños fabricados bajo instinto primario;
en un mundo de sumisión donde todo era pecado.
Era divino parir niños sanos,
era divino hacer un país fuerte y grande
a costa de sus pequeñas manos.

¡ANDA, NIÑO!

¡Anda, niño, anda!
Llora en un rincón donde nadie te pueda ver;
no ensucies tu hombría
con lágrimas de miel.
¡Anda, niño, anda, ve!
Guarda los sentimientos entre pecho y piel;
no derrames emociones
que no mereces tener.
¡Anda, niño, anda, ve!
Esconde tus palabras de amor
en el fondo de un cajón,
un hombre no puede mostrar el corazón.
¡Anda, niño, anda, ve!
Encierra tus miedos en un desván,
la hombría no puede mostrar debilidad
si quiere ser el gallo del corral.
Y aquel niño creció
ahogado entre sus lágrimas;
con el pecho congelado,
las emociones desgarradas
y aterrado por la sensación
de no saber dar ni recibir amor.

SOL Y SOMBRA

Bajo el sol de la inclemencia
yacían los cuerpos sin vida;
su sangre color escarlata
teñía el color de la tierra.

En aquel muro al alba,
cuando el gallo aún no había cantado,
la sombra más tétrica
al rojo había sacrificado.

Sin luces ni sombras,
sin resistencia ni cólera,
tan solo un estruendo
y se desvanecían los cuerpos.

Tiempo de sol y sombra,
de silencio, de traición,
de imponer una ley
por pensamiento y color.

El licor del sol
quemaba las calles
y el de la sombra
fusilaba a hijos de madres.

Sol y sombra de miedos,
de callar libertades,
de cunetas perdidas,
silenciando verdades.

CAÓTICO TIEMPO

«Cada segundo muere el tiempo,
piensa bien en qué lo ocupas».

ECHANDO LA VISTA ATRÁS

Miraremos atrás,
sí, un día echaremos la vista atrás,
observando lo que sembramos,
comiendo el fruto que cultivamos.

Mas solo miraremos,
pues ya habrá caducado el tiempo del arrepentimiento.
Miraremos atrás con la pena y la impotencia,
divisando el esfuerzo que nos arrebató certezas.

Buscamos la felicidad en lugares equivocados,
fuimos títeres manipulados,
nos marcaron el camino;
un camino errado.

Hoy echo la vista atrás,
creyendo que viví mucho;
y mientras rebusco lo que viví
se me queda corta la vida.

Cuento los meses, los años
buscando el tiempo realmente vivido
y mirando hacia atrás;
mi tiempo ha sido tan corto
que no le encuentro el sentido.

Nos dijeron «¡Vive libre!»
y malgastamos el tiempo
viviendo atados a sogas de gastos,
perdiendo besos, recortando abrazos.

ES LA VIDA

El trasiego de los días
va restando horas,
va sumando experiencia
y cicatrizando heridas.
Es solo un recorrido,
un momento, un suspiro,
donde soy lo que aprendo
en este espacio de tiempo.
Quizá parta algún día
con el alma llena
y las manos vacías,
con serenidad y valentía.
Este instante en que siento
la lluvia en la cara,
el sol filtrado por la ventana
e incluso la caricia del viento.
El sendero es tan dudoso
como coqueto,
pues logra conquistarme
para seguir adelante.
La vida es ese enigma
que se descubre día a día,
tan incierta como cierta
si te permites sentirla.

GANANDO CALMA

Con el sosiego del tiempo
se balancea mi ocaso
en una bruma de nubes
despistando un fracaso.

Todo flota en el aire,
casi inerte,
como una pompa de jabón
que tan solo con un dedo
pudiese romperse.

Todo se pone en orden,
tornándose delicado,
ya sin fuerza y sin ganas
para seguir batallando.

Todo aquello que fue vivido,
aquello que resguardo,
los instantes que recuerdo
del pasar de mis tiempos.

Atesoro vulnerable
apagándome con los años,
al igual que aquella vela,
luchando su tímida llama
sabiendo que se apaga,

que ha consumido una vida
y que al final no le arrebatarán nada.

Expulsé los demonios,
los golpes y las heridas;
todo lo que dolió
ya no tiene cabida.

Con el sosiego del tiempo,
de los años pasados,
de los saltos al vacío,
de tropezar y caer,
de los besos de humo
y las promesas ausentes.

Hoy encuentro el equilibrio
tras ese bosque frondoso
donde se haya esta explanada,
aquí ya no hay fríos extremos
ni temperaturas que derriten un alma.

Solo hay sosiego y calma,
ya no hay estallidos ni alarmas;
los miedos para mañana.

AGRIETADA

Se agrieta la piel y cae desmembrada,
como la hoja de otoño,
como fruta madura,
como hielo en primavera.

Todo se pierde en el tiempo,
como la concha en la arena,
como el reloj y sus horas,
como la vida y su memoria.

Y nos aferramos a lo absurdo,
absurdamente abrazamos niebla,
silbidos en el viento,
destellos del cielo.

Todo se agrieta, todo se pierde, todo es absurdo,
cuando llega el tiempo de descuento,
donde los sueños soñados
ya no llegan a tiempo.

Suelto… suelto lo que pesa,
todo aquello que ocupa,
los bultos absurdos,
los huesos difusos.

Atesoro los amores vividos,
los dolidos, los olvidados,

aquellos que llenaron
y los que me vaciaron.

Escondo entre mis pliegues
secretos confesables
de aciertos y errores
de luces y sombras.

Voy a llegar liviana,
sin arrastrar pesados lastres,
he presentado durante décadas
todas mis credenciales.

Nunca llovió a gusto de todos,
pues a veces las tormentas
caen en tierra seca
y dejan ventanas abiertas.

Ya sin agrietarme, sin perder, sin aferrarme
dejo las huellas de mis creencias,
a veces erróneas y subsanadas,
otras a fuego grabadas.

El orgullo, sin ser orgullosa,
es la valía como persona
con defectos humanos
que se escurrieron de las manos.

Suelto, no arrastro, no cargo...
Aprendí que lo que amo
no pesa, no hunde, no ocupa,
no daña ni siente culpa.

Soy el barro moldeado
por las experiencias vividas;
soy solo lo que soy,
sin dobleces escondidas.

ASÍ PASA UNA VIDA

Con la sutileza de la brisa, así pasan los días,
son hojas caducas muriendo en otoño.
La belleza de lo joven se desdibuja,
se van perdiendo las líneas y las curvas;
en un morir lentamente, en un pasar que languidece.
Con la caducidad de los tiempos y la fatiga del cuerpo,
corre el río de la vida abocado a un mar abierto
de océanos inciertos.
No hay muralla que detenga esta riada
arrastrando toda una vida de sabiduría y demencia.
Así, con sutileza, las horas arrancan días del calendario;
escritos en un diario, secretos del pasado.
Fui, soy, seré el arroyo, la cascada, la tormenta
que hoy llueve mis aguas evaporadas.

EL REFLEJO

Al mirarme en el río vi una imagen reflejada,
ya no era aquella joven que creía en las hadas.
Un suave movimiento con mi mano destruyó aquel reflejo,
pues el agua no entendía de pasado ni presente.

Un reflejo es solo eso, aunque él piense lo contrario,
solo muestra un pedazo de lo que formamos.
¿Qué sabrá el reflejo del paso de los años?
De las ganas de vivir, del presente o el futuro
o de los sueños robados.

¡No me dejo engañar solo por un reflejo!
pues el agua no es sincera,
siempre que la intento atrapar
se me escapa entre los dedos.

Así que dejo al agua correr,
como dejo correr mis días,
pues son páginas en blanco
que aún tengo que escribirlas.

LEVEDAD

En un instante dejas de ser,
llega el apagón a tu cueva
y la escarcha de la vida
penetra y te congela.

Creías que eras alguien,
que tenías el control,
y en solo unos segundos
has perdido hasta la voz.

Te preguntas cómo seguir un rumbo
cuando se ha roto el timón,
cuando hasta tu cuerpo te ataca
y siente frío el corazón.

Es entonces cuando entiendes
esa insignificancia, esa levedad
que gasta una vida
mientras la ves pasar.

Toda raíz muere
si nadie la va a regar,
si no encuentra tierra
donde poderse aferrar.

No hay sentido ni camino
en esta triste levedad,
si un cuerpo caduco
se resguarda en soledad.

No hay esperanza si uno se aparta,
si cree en el edadismo,
pues esos años han conseguido
que por fin seas tú mismo.

AGRADECIMIENTOS

En esta ocasión quiero mostrar mi agradecimiento a todas las personas que me rodean, que me hacen sentir y que suman. Y a la vida en general, que cada día me enseña y me hace reflexionar. Y como siempre a mis dos pilares, Sara y Vinyet.

Índice

CAÓTICAS LEYENDAS

CAÓTICA IMPOTENCIA

CAÓTICO OLVIDO

CAÓTICO TIEMPO

Este libro se terminó de editar en Granada
en enero de 2026 por

Aliarediciones

www.aliarediciones.es
info@aliarediciones.es